वर्डीबुक

वॉल्यूम I

अभय कुमार सोनी

notionpress.com
INDIA • SINGAPORE • MALAYSIA

Copyright © Abhay Kumar Soni 2023
All Rights Reserved.

ISBN 979-8-89067-756-3

This book has been published with all efforts taken to make the material error-free after the consent of the author. However, the author and the publisher do not assume and hereby disclaim any liability to any party for any loss, damage, or disruption caused by errors or omissions, whether such errors or omissions result from negligence, accident, or any other cause.

While every effort has been made to avoid any mistake or omission, this publication is being sold on the condition and understanding that neither the author nor the publishers or printers would be liable in any manner to any person by reason of any mistake or omission in this publication or for any action taken or omitted to be taken or advice rendered or accepted on the basis of this work. For any defect in printing or binding the publishers will be liable only to replace the defective copy by another copy of this work then available.

अंतर्वस्तु

01. कवि की कविता 7
02. क्या लिखूं 8
03. बचपन 9
04. कौन हूँ मैं? 11
05. अंदर क्या हैं। 12
06. रंगमंच 13
07. जिंदगी के हर सफ़र को 15
08. समय समय की बात है। 16
09. कभी 17
10. जिंदगी तू ही बता 18
11. लिखते हैं मिटाते हैं। 20
12. साथ निभाएँ 21
13. इश्क़ 22
14. कुछ बात सही 23
15. ख्वाब 24
16. आशियाना 25
17. दूर का सफ़र है। 26
18. लम्हे 27

3

अंतर्वस्तु

19.	मैं लिखना चाहूँ	28
20.	मुझसे आँख चुराते हो	29
21.	परछाइयाँ	30
22.	कुछ बात सही	31
23.	कभी	32
24.	यू ही	34
25.	कहाँ तुम खोये हुए हो	36
26.	एक रात	38
27.	एक रात हमसफ़र में	39
28.	कभी मैं	40
29.	वो आख़िरी बात, एक आख़िरी रात	41
30.	साथ कही	42
31.	एक दूजे के वास्ते	43
32.	कहाँ कमी रह जाती हैं।	45
33.	तुम भी तो, कभी थे जिंदगी में	46
34.	तेरी मेरी कहानी (1)	47
35.	तेरी मेरी कहानी (2)	49
36.	एक अजनबी	50
37.	काश	51
38.	तुम होती तो।	52
39.	वे वजह ही	53

40.	महसूस होता है।	54
41.	किसी की कशमकश में	55
42.	देख लेना	56
43.	बैठा हूं अकेला	58
44.	अकेला हूं मैं	59
45.	तुम्हे देखा नही कबसे	61
46.	लगता तो नही	62
47.	एक और बात	63
48.	तुम से	64
49.	प्यार	65
50.	समझा होता	66

लेखक के बारे मे... .... *67*

01

कवि की कविता

एक कवि कविता लिखता हैं,
कुछ कहता हैं, कुछ सुनता हैं।

कुछ रहता हैं, सब बहता हैं,
उसके तन में, उसके मन में,

सब संग लिए परिभाषा अपनी।

जब लिखता है, शब्दो के मोती से चुनकर,
शब्द पिरोए तब कहता हैं।

सागर सा मंथन किए, कवि मन में,
कुछ रिसता हैं, सब रचता हैं।

एक कवि जब लिखता हैं।
एक कवि...

02

क्या लिखूं

लिख लिख पर क्या लिखूं,
जो लिखना है उसे बाद लिखूं।

सोचा था कि तुझे लिखूंगा,
पर तुझे लिखूं या याद लिखूं।

सोचता जुरूर हूं कि लिखूंगा मैं,
पर तेरी यादों की क्या बात लिखूं।

लिख लिख पर क्या लिखूं,
मैं लिख लिख पर क्या लिखूं।

03

बचपन

नन्हा सा वो बचपन अपना, जिसे हम कहते थे अपना,
यादों की वो यादें है, जिस पर करनी कुछ बाते हैं।

बच्चे थे जब करते मन की, सबके मन की, सबके संग की,
सरारतो का वो दौर था, मन का अपना शोर था।

साथ सभी का प्यार सभी का, मम्मी पापा,
कभी नाना नानी, कभी दादा दादी, हम सब पर पड़ते थे भारी।

समय का वो अपना दौर था, भाई बहन का रोब था,
खेल का बचपन, खिलौनों संग बीता, कुछ यादें अभी बाकी है।

जब बड़े हुए, तब यह हुआ फीका, जब दुनियादारी की..
समझ हुई, अपनो की जब से परख हुई।

बचपन की अब वो ना ललक रही, खोया बचपन जब बड़े हुए,
अपने पैरो पर खड़े हुए, अब बच्चो के संग बच्चे बन जाते।

बचपन का सोच अब खुशियां मनाते,
समय का बचपन, उस दौर का बचपन।

हमारा बचपन तुम्हारा बचपन,
हम सभी का बचपन, बचपन।

04

कौन हूँ मैं?

कौन हूँ मैं, मेरी किस मंज़िल का, क्या है रास्ता,
जो चला हूँ, मैं उन रहो पर, क्या है वास्ता।

कौन हूँ मैं... जो,

ढूढ़ता फिर रहा अब कही, मन का रास्ता है,
मेरी अब किस्मत से वास्ता, घूमता फिर रहा।

कौन हूँ मैं, क्या है रास्ता, क्या है वास्ता,
क्या है रास्ता, कौन हूँ मैं, कौन हूँ मैं?

05

अंदर क्या हैं।

किसे पड़ी है अंदर क्या है,
मन में तेरे, संग है तेरे।

पास खड़ी सिर्फ दिखती है,
की साथ सही वो लगती है।

हर हस्ती के, हर व्यक्ति के,
मन में क्या है, संग मैं क्या हैं।

अंदर क्या है, बाहर क्या है,
इस दुनिया के संग मैं चलकर।

रंग में रंगकर, मिला क्या क्या तुझे?
यही पूछता हूं कभी मै, अपनो संग ढलकर,

अपने मन से, अपने संग से, अपने ढंग से,
कभी बता तू, अंदर क्या हैं, किसे पड़ी है।

अंदर क्या हैं... किसे पड़ी है?

06

रंगमंच

जिंदगी एक रंगमच है, या तमाशा,
यह मैं कभी नहीं जताता।

कभी आस तो कभी विश्वास,
कहीं प्यार तो कही अंहकार।

जहां अपने ही परीक्षा लेते है,
परायों की क्या बात करूं।

जिंदगी जीने की यह आस रखूं,
पल पल किसके साथ रहूं।

कभी यह किस्मत है तो कभी मेहनत,
सिर्फ स्वार्थ की यह दुनिया हैं।

प्यार, संस्कार, इज़्ज़त समाज जहां बसते हैं,
या पैसों की दम पर यह रचते हैं।

जिंदगी एक रंगमच है, या तमाशा,
जिंदगी एक सच एक रंगमच।

07

जिंदगी के हर सफ़र को

दिन कहो या रात कहो,
पल पल की क्यों बात कहो।

जब जीवन हैं तभी संघर्ष है,
फिर क्यों हर बात का कष्ट है।

यदि कष्ट हैं तो हमें सहना हैं,
पल पल हँसकर भी रहना हैं।

जीवन के इस उताव चढ़ाव में,
हर परीक्षा हमें देनी हैं।

यदि यह जीते तो जियेंगे,
वरना जी कर भी क्या जीना है।

या मर कर भी क्या मरना है।
जिंदगी के हर पड़ाव में...

08

समय समय की बात है।

समय समय की बात है,
कि कौन किसके साथ है।

रिश्तों की तकरार है,
या अपनो से कोई बात है।

या अपनो से अपवाद है,
या पैसो की कोई बात है।

फिर डरने की क्या बात है,
क्युकी अपना अपने साथ है।

समय समय की यह बात है,
यह समय समय की बात है।

09

कभी

कभी उदास ना होना,
कभी हतास ना होना।

कभी निराश ना होना,
कभी परास्त ना होना।

कभी उम्मीद ना खोना,
कभी कमी ना खोना।

कभी जिंदगी ना खोना,
कभी हर ख़ुशी ना खोना।

यह ज़िन्दगी है दोस्तों,
यहाँ जिंदा रहना पड़ता है।

कभी अपनों के लिए,
कभी सपनों के लिए।

10

जिंदगी तू ही बता

जिंदगी तू ही बता,
तू चाहती क्या है।

अपना पता ही बता,
तू माँगती क्या है।

जिंदगी तू कौन है,
जो जानती क्या है।

जिंदगी यूही बता,
अपनी मौत का पता।

अपनी ही खता,
अपनी ही सजा।

तू जानती क्या है,
जिंदगी तू ही बता।

तू चाहती क्या है,
ऐ जिंदगी तू ही बता।

11

लिखते हैं मिटाते हैं।

लिखते हैं मिटाते हैं,
जब दूर कही खों जाते हैं।

जब ग़मो को हम भूलते हैं,
तब लम्हें वो याद आते हैं।

जब अरमान वो जग जाते हैं,
तब तन्हा हम हो जाते हैं।

जब लिखते हैं मिटाते है,
तब लिखते हैं मिटाते हैं।

12

साथ निभाएँ

मेरा साथ निभाएँ,
जो रिश्ते निभाएँ।

कभी मन मिलायें,
जो मेरे मन को भाय।

कभी नैना चुराये,
कभी नैना मिलाये।

कभी दिल में बस जाये,
बस मेरी हो जाये।

13

इश्क़

इश्क़ अधूरा हैं, ना होकर भी पूरा हैं,
मिल जाय तो ख्वाब है, ना मिले तो हसरत।

जन्नत सा नूर हैं, कहने को कोहिनूर हैं,
यह प्यार, इश्क और मोहोब्बत।

अधूरे नज़म है, दर्द ए जख्म हैं,
यहां हर आशिक़ का दिल है टूटा।

तो फिर कौन है, यहां किस के लिए रूठा।
यह इश्क है, यह इश्क...

14

कुछ बात सही

कहने को कुछ बात सही,
कुछ दिन कहू या रात सही।

कहता तो बहुत कुछ है दिल मेरा,
पर बात वही क्या बात सही।

तुम ही कर दो कुछ बात सही,
जो दिल मेरा ना कह सका वो बात सही।

बात सही या जजबात सही या याद सही,
अपने दिल की आवाज़ सही।

कह दो ना तुम भी जरा अपने दिल की बात सही,
या अपने दिल की आवाज़ सही।

कहने को कुछ बात सही,
कहने को कुछ बात सही।

15

ख्वाब

ख्वाब जो देखे नज़रों से उनकी,
परवाने सा आगाज़ हुआ।

नज़रे झुकी हुई सी उनकी,
दीवानों सा हाल हुआ।

दिवाना किसे कहते हैं जनाब,
अब वो राज हुआ।

राज वो मेरे दिल में करते है,
सालों बाद आगाज़ हुआ।

ऐसा लगता हैं उनको,
अब मुझसे हैं प्यार हुआ।

16

आशियाना

आशियाना हूं मैं तेरा इस क़दर कि,
हर शख्स देखकर मुझे यह कहता हैं।

कि जी रहा हूं मैं की नही, इस दुनिया में,
यह देखकर लगता तो नही।

पर हर शख्स को क्या बताऊं कि मैं,
किन उलझनो मैं खोया हूं मैं आजकल।

कि आशियाना हूं मैं उनका इस कदर उनका,
कि यह मुझको भी पता ही नही।

आशियाना हूं मैं उनका,
की आशियाना हूं मैं, आशियाना।

17

दूर का सफ़र है।

दूर का सफ़र है,
साथ हमसफ़र हैं।

रास्ता इस क़दर हैं,
पास वो मग़र हैं।

मंज़िल इस क़दर हैं,
साथ वो अग़र हैं।

दूर का सफ़र हैं।

18

लम्हे

यह लम्हे, या वो लम्हे,
यह यादें, या वो यादें।

खोई हुई सी, वो बाते,
ठहरी हुई सी, वो साँसे।

जब थी जरूरी, कुछ राते,
तब किया किनारा, नादियो सा।

वो बुझा सितारा, सदियों सा,
फिर झरनों की बरसात हुई।

हर कश्ती सी, फिर आस हुई,
तब लम्हों की शुरुआत हुई।

लम्हे, यह लम्हे।

19

मैं लिखना चाहूँ

तुझे मैं लिखना चाहूँ,
तुझे मैं पाना चाहूँ।

तुझी मैं मिटना चाहूँ,
तुझी मैं खोना चाहूँ।

मैं तुझी मैं होना चाहूँ,
मैं मीरा सा होना चाहूँ।

पर तुझी को लिखना चाहूँ,
मैं तुझी को लिखना चाहूँ।

20

मुझसे आँख चुराते हो

मुझसे आँख चुराते हो,
मुझसे नैन लड़ाते हो।

मेरी आँखों में बस जाते हो,
मुझ में ही खो जाते हो।

पर मुझसे आँख चुराते हो,
पर मै भी हार नही मानूँगा।

अब मैं तुमसे ही नैना लड़ाऊँगा,
तुममे ही खो जाऊँगा।

तुममे ही बस जाऊँगा,

लेकिन तुमसे आँखे नही चुराऊँगा,
पर तुमको अपना मैं बनाऊँगा।

क्युकी तुम मुझसे आँख चुराते हो,
तुम मुझसे आँख चुराते हो।

21

परछाइयाँ

जब मिलतीं है बिछड़ती हैं,
फिर कही खों जाती हैं।

गुम कहीं वो जाती हैं,
फिर धीरे से वो आती हैं।

पर साथ मेरे वो जाती हैं,
फिर कहीं बस जाती हैं।

मेरी परछाइयाँ,
तेरी परछाइयाँ।

22

कुछ बात सही

कहने को कुछ बात सही,
कुछ दिन कहू या रात सही।

कहता तो बहुत कुछ है दिल मेरा,
पर बात वही क्या बात सही।

तुम ही कर दो कुछ बात सही,
जो दिल मेरा ना कह सका वो बात सही।

बात सही या जजबात सही या याद सही,
अपने दिल की आवाज़ सही।

कह दो ना तुम भी जरा अपने दिल की बात सही,
या अपने दिल की आवाज़ सही।

कहने को कुछ बात सही,
कहने को कुछ बात सही।

23

कभी

कभी पास आओ ना,
कभी दूर जाओ ना।

कभी मनाओ ना,
यू रूठ जाओ ना।

कभी नज़र मिलाओ ना,
दिल की बात बताओ ना।

कभी दूर जाओ ना,
मेरे पास आओ ना।

कभी तो मुस्कुराओ ना,
नैनो से नैना मिलाओ ना।

कभी पछताओ ना,
मेरे घर आओ ना।

कभी मेरी जिंदगी में आओ ना,
मेरे हमसफ़र बन जाओ ना।

कभी तो आओ ना,
मेरे पास आओ ना।
कभी।

24

यू ही

यू ही पल दो पल,

अपनी आँखों में समा लो ना,
अपने चेहरे में लगा लो ना।

अपनी दिल में बसा लो ना,
अपने दिल में जगह दो ना।

यू ही... बस यू ही...

अपने हाथों को मंगा लो ना,
अपने हाथों को सजा लो ना।

मुझे अपना बना लो ना,
अपनो को मना लो ना।

मैं भी अपनो को मनाऊंगा।
यू ही... बस यू ही।

मेरी जिंदगी को बसा लो ना,
अपनी जिंदगी में समा लो ना।

वादा करता हूँ,
अगर जिंदगी के पग पग कभी खो जाऊं।

कभी मर जाऊं,
पर अगर इस जन्म नही।

पर सारे जन्म बस तुम्हारा हो जाऊं,
पर अपना वादा निभाऊँ।

यू ही... बस यू ही।

25

कहाँ तुम खोये हुए हो

कब हँसे थे, क्यों रोये हुए हो,
अब रुक जाओ, ऐसे मत जाओ।

मेरी हो जाओ, बोलो ना,
कहाँ तुम खोये हुए हो।

अब यू न सताओ ना,
अब मान भी जाओ ना।

अब साथ निभाओ ना,
जीने मरने की कसमें खाओ ना।

बोलो ना कहाँ तुम क्यों खोये हुए हो।

और अब मेरी हो जाओ ना,
मुझे भी अपना बनाओ ना।

खोये हुए हो,
मैंने पूछा कहाँ तुम खोये हुए हो।

26

एक रात

एक बात ठहर गयी मुझमें,
एक मुलाक़ात ठहर गयी मुझमें।

दिल की बात ठहर गयी मुझमें,
कोई एक बात ठहर गयी मुझमें।

एक रात ठहर गयी मुझमें...

27

एक रात हमसफ़र में

एक रात हमसफ़र में,
मुलाकात हमसफ़र में।

तेरी मेरी कहानी लिखी,
हर किसी की जुबानी लिखी।

पर किस्मत को कुछ और मंजूर था,
हर किसी को गुरुर था।

पर हर किसी ने अपनी साजिश लिखी,
तेरी मेरी कहानी लिखी।

रात हमसफ़र मे,
एक रात हमसफ़र में।

28

कभी मैं

तुझे बहुत कुछ बोलकर भी मैं,
कुछ भी ना बोल सका कभी मैं।

दिल की वो बात कहकर भी तुझे मैं,
वो बात ना कह सका कभी मैं।

अपने हर जस्बात को भी मैं
अपना भी ना कह सका कभी मैं।

कभी मैं... कभी मैं...

29

वो आख़िरी बात, एक आख़िरी रात

वो आख़िरी बात, एक आख़िरी रात,
जब करनी थी तुमसे जो एक मुलाक़ात।

तब करनी थी अपनी दिल की एक बात,
पर कह ना सका, तुमसे वो आख़िरी बात।

आख़िरी रात, आख़िरी बार पर अब दिल कह रहा,
वो इश्क ही हैं तुमसे, जो मेरे दिल में तुम ही हो।

शायद यही कहनी थी, जो तुमसे यह आख़िरी बार।
वो आख़री बात, वो आख़री रात...

30

साथ कही

चलो तुम साथ कहीं,
जब हो जाये कुछ बात कहीं।

रहो तुम पास कहीं,
जब बिगड़ जाए बात कहीं।

कहो तुम बात सही,
चलो तुम मेरे साथ कहीं,

जब मैं तुम और तुम मैं,
ना हो जाये साथ कहीं।

रहो तुम पास कहीं,
साथ कहीं।

31

एक दूजे के वास्ते

एक दूजे का साथ कभी,
एक दूजे के पास कभी।

साथ निभाने की कसमें खाई थी कभी,
एक दूजे के वास्ते।

पर उन कसमो का वो क्या हुआ,
उन वादों का क्या हुआ।

जो साथ मेरा तुम छोड़ गई,
एक दूजे के वास्ते।

अगर कोई मजबूरी थी,
या थोड़ी सी दूरी थी।

तो भी साथ मेरा ना छोड़ती,
एक दूजे के वास्ते।

मैं ही चला जाता,
इस दुनिया छोड़कर।

पर दुनिया यह तो न कहती, वो थे,
कभी एक दूजे के वास्ते।

पर जो हो न सका इस जन्म,
पर होंगे हर जन्म एक दूजे के वास्ते।

एक दूजे के वास्ते।

32

कहाँ कमी रह जाती हैं।

जब दूर कही तू जाती हैं,
ना पास मेरे तू आती है।

जब खामोशी छा जाती हैं,
ना तू कुछ कह पाती हैं।

जब मुझे बड़ा तड़पाती हैं,
ना बिन तेरी याद आती हैं।

जब बिन कहें तू जाती हैं,
ना अपनी तू हो जाती हैं।

कहाँ कमी रह जाती हैं।

33

तुम भी तो, कभी थे जिंदगी में

तुम भी तो, कभी थे जिंदगी में,
कभी हर ख़ुशी में, कभी हर गमो में।

कभी हर सुबह में, कभी हर शामों में,
कभी हर दिनों में, कभी हर रातो में।

कभी हर धूपों में, कभी हर छावो में,
कभी हर काँटो में, कभी हर रहो में।

कभी हर यादो में, कभी हर बातो में,
कभी हर साँसों की, मेरी हर धड़कन में।

तुम भी तो, कभी थे जिंदगी में...

तेरी मेरी कहानी (1)

क्या लिखूं मैं, मेरी कहानी मैं अपनी जुबानी,
जो है, तेरी और मेरी कहानी।

जिंदगी की कसमकश मैं, एक पल था शायद,
जिसमें जी थी मैंने, अपनी जिंदगानी।

और फिर लिखी थी, मैंने, तेरी कहानी वो मेरी जुबानी,
पर कहानी वो अधूरी थी, जिसमें बहुत ही दूरी थी।

दिल की कुछ मजबूरी थी, शायद यही वो दूरी थी,
पर हम हमेशा रहैंगे साथ तेरे, दिल के पास तेरे।

पर जिंदगी को कुछ और मंजूर था,
हर किसी को यही ग़ुरूर था।

शायद यही हमारी अधूरी कहानी बनी,
यही तेरी मेरी कहानी बनी।

तेरी मेरी कहानी,
यह तेरी मेरी कहानी।

तेरी मेरी कहानी (2)

तेरी मेरी कहानी अधूरी हो गई,
ना चाहते भी कुछ दूरी हो गई।

चाहत बहुत थी तुझे पाने की मगर,
पर तेरे दिल की शायद कुछ मजबूरी हो गई।

प्यार तो बहुत किया है तुझे, दिल से मगर,
तू अब किसी और के प्यार के लिए जरूरी हो गई।

काश समझ सकती मेरे इस प्यार को तू,
मेरे हर जस्बात को तू।

दिल की हर बात को तू,
पर हमारी कहानी अब पूरी हो गई।

या हमारी कहानी फिर अधूरी हो गई।
तेरी मेरी कहानी, तेरी मेरी।

36

एक अजनबी

एक अजनबी थी जिंदगी में,
दिल्लगी थी जिंदगी में।

कभी वो मेरी परछाई,
तो कभी तन्हाई थी जिंदगी में।

एक अजनबी।

कभी थी लड़ाई जिंदगी में,
तो कभी रुशवाई जिंदगी में।

कभी वो जिंदगी का आलम थी,
अब वेवफाई है जिंदगी में।

एक अजनबी थी जिंदगी में,
एक अजनबी।

...

काश

काश मुझे वो समझ पाती,
यू ही मुझमें वो खों जाती।

यू ही मुझमें वो मिल जाती,
यू ही मुझमें वो बस जाती।

यू मेरी होकर रह जाती,
यू मेरी कविता वो बन जाती।

काश...

38

तुम होती तो।

तुम होती तो ऐसा होता,
तुम होती तो वैसा होता।

तुम रहती तो ऐसा होता,
तुम खोती तो कैसा होता।

हँस्ती तो ऐसा होता,
तुम रोती तो कैसा होता।

तुम पाती तो ऐसा होता,
तुम जाती तो कैसा होता।

तुम जीती तो कैसा होता,
मैं मरता तो कहता होता।

तुम होती तो ऐसा होता,
तुम होती तो वैसा होता।

तुम होती तो...

39

वे़ वजह ही

क्यों याद मुझे तुम आते हो,
क्यों इतना मुझे सताते हो।

क्यों इतना मुझे रुलाते हो,
क्यों इतना मुझे मनाते हो।

क्यों अपने गले लगाते हो,
क्यों अपना मुझे बनाते हो।

क्यों मुझमे ही खो जाते हो,
क्यों मुझमें ही होकर रह जाते हो।

तुम बेवजह ही, तुम बेवजह ही...

40

महसूस होता है।

हर लम्हा महसूस होता है,
जब तुम्हारी यादों का कसूर होता है।

उन वादों का जुनून होता है,
हर बातों का यक़ीन होता है।

हर लम्हा महसूस होता है...
जब साथ निभाने का नशीब होता है।

तो पास आने को भी जी होता है,
तुम हो ना साथ मेरे।

हम होंगे कल साथ कही,
यह यक़ीन होता है।

वो हर लम्हा, महसूस होता है,
वो लम्हा...

41

किसी की कशमकश मैं

किसी की कशमकश मैं जीता रहा,
किसी की कशमकश मैं मरता रहा।

जख्म बहुत है, जिंदगी, मैं मेरे,
यह बताने से मैं डरता रहा।

कभी मैं हँसता रहा,
कभी मैं रोता रहा।

दुनिया के किरदारों में मैं होता रहा,
मैं कौन हूं, यह सोचकर मैं

कभी जीता रहा कभी मरता रहा।
किसी की कशमकश मैं...

42

देख लेना

ज़रा देख भी लेना,
पर क्या देखोगी,

थोड़ा सोच भी लेना,
पर क्या सोचोगी।

ज़रा हँस भी लेना,
पर क्या हँस लोगी,

थोड़ा रो भी लेना,
पर क्या रोलोगी।

ज़रा गले मिल लेना,
पर क्या मिल लोगी,

थोड़ा पास तो आओ,
पर क्या आओगी।

ज़रा दूर तो जाओ,
पर क्या जा लोगी,

थोड़ा नज़रे मिला लो,
पर क्या मिला लोगी।

देख लेना, जरा देख लेना...

43

बैठा हूं अकेला

बैठा हूं अकेला, कुछ गुमनाम सा,
हर हस्ती छुपाए मैं बैठा हूं।

किसी की यादों में, तो किसी की बातो में,
मै खुद को छुपाए हुए रहता हूं।

मेरी खामोशी कुछ ना कहते हुए भी,
बहुत कुछ कहती हैं, इस कदर,

बहुत सा दर्द छुपाए हुए मै बैठा हूं,
बहुत सा दर्द छुपाए हुए मै रहता हूं।

44

अकेला हूं मैं

अकेला हूं मैं, ज़िंदगी के इस सफ़र मैं,
तन्हा हूं मैं, कभी यादों की हर डगर पे।

कुछ महसूस करता हूं, कभी अकेला मैं,
साथ होते हुए भी अपनो का।

कभी परायों अकेला सा मालूम पड़ता हूं खुद से मैं,
खुदगर्ज हूं, कभी ऐसा मालूम होता हैं, खुद से।

यह सही है या गलत यह मैं नहीं जानता,
क्यूंकि, अकेला हूं मैं।

समय आने पर परछाई भी,
अपना साथ छोड़ जाती हैं अपना।

भरोसा किस पर करु,
क्यूंकि, अकेला हूं मैं, जिंदगी के इस सफ़र मैं।

शायद इसी का नाम हैं जिंदगी,
कभी खुद से मै, यह सवाल पूछता हूं कभी मैं।

वक्त बड़ा या दौलत या जिंदगी,
सब खत्म होने पर भी यह समझ ना आया कभी।

क्यूंकि, अकेला हूं मैं,
क्यूंकि, अकेला हूं मैं।

तुम्हे देखा नही कबसे

तुम्हे देखा नही कबसे,
तुम्हे जाना नही जबसे।

तुम्हे पाया नही कबसे,
तुम्हे भूल पाया नही जबसे।

तुम्हे देखा नही कबसे,
तुममे खोया नही कबसे।

तुममै हँसा नहीं कबसे,
तुममै रोया नही जबसे।

तुमको मिला नही कबसे,
तुममे होया नही जबसे।

तुम्हे देखा नही कबसे,
तुमको देखा नही जबसे।

46

लगता तो नही

प्यार है पर जलकता क्यों नही,
सांस है पर जाती क्यों नही।

पास हो पर आती क्यों नही,
दूर हो पर जाती क्यों नही।

दिल है पर लगता क्यों नही,
नैना है पर मिलते क्यों नही।

इश्क है पर होता क्यों नही,
जान है पर जाती क्यों नही।

लगता तो नही...

एक और बात

एक और बात करने को जी चाहता है,
दिलदार करने को जी चाहता है।

इकरार करने को जी चाहता है,
इज़हार करने को जी चाहता है।

एतबार करने को जी चाहता है,
बेकरार करने को जी चाहता है।

यू ही प्यार करने को जी चाहता है,
एक और बात करने को जी चाहता है।

48

तुम से

तुमसे मिलना भी जरूरी था,
बिछड़ना भी जरूरी था।

इकरार भी जरूरी था,
इजहार भी जरूरी था।

तकरार भी जरूरी था,
तुमसे प्यार भी जरूरी था,

हर एक बार जरूरी था।
तुमसे...

49

प्यार

प्यार जो होकर भी अधूरा है,
ना होकर भी पूरा हैं।

प्यार इश्क और मोहब्बत,
यह तो सिर्फ नाम के अधूरे है।

शादी, विवाह, संग साथ क्या,
इस लिए यह पूरे है।

क्या इस लिए यह अधूरे है,
या फिर यह पूरे है, या फिर यह पूरे है।

यह प्यार...

50

समझा होता

अपनी जान से भी जायदा चाहा तुझे,
अपने आप से भी माना तुझे।

पर तू मुझे समझ ना पाई,
मुझे जान ना पाई।

अगर समझा होता ना तूने मुझे,
तो मेरी रूह को भी चैन मिलता।

जितना तुमने जाना है मुझे, समझा है मुझे,
शायद वो कोई और होगा।

वो कोई गैर होगा,
अगर तू समझती मुझे अपना।

तो आज ना मैं कोई और होता,
ना मैं कोई गैर होता।

लेखक के बारे मे...

आप सभी को मेरा नमस्कार दोस्तो, मैं अभय सोनी हूं।

यह मेरी पहली पुस्तक हैं। तो मैं आशा करता हूं, कि यह पुस्तक आप लोगों को अवश्य पसंद आएगी।

आप सभी के सुझाव का मुझे इंतजार रहेगा।

आपका सभी बहुत-बहुत धन्यवाद।

अभय सोनी ☺